Diferente como EU

Escrito por **Xochitl Dixon** Ilustrado por **Bonnie Lui**

Originally published in English under the title
Diferent Like Me
© 2020 by Xochitl E. Dixon
All rights reserved

A autora é representada pela agência literária Credo Communications, LLC,
Grand Rapids, Michigan, www.credocommunications.net.

Coordenação editorial: Adolfo A. Hickmann
Tradução: Marília P. Lara
Revisão: Adolfo A. Hickmann
Coordenação gráfica: Audrey Novac Ribeiro
Diagramação: Lucila Lis
Design interior e capa: Kris Nelson/StoryLook Design

Dados Internacionais de Catalogação na Publicação (CIP)

DIXON, Xochitl E. (autora); BONNIE, Lui (ilustradora)
Diferente como eu
Tradução: Marília P. Lara — Curitiba/PR, Publicações Pão Diário
1. Cristianismo 2. Literatura infantil 3. Inclusão social 4.Amizades

Proibida a reprodução total ou parcial sem prévia autorização, por escrito, da editora.
Todos os direitos reservados e protegidos pela Lei 9.610, de 19/02/1998.
Permissão para reprodução: permissao@paodiario.org

Exceto se indicado o contrário, as citações bíblicas são extraídas da edição
Nova Tradução na Linguagem de Hoje © 2000, Sociedade Bíblica do Brasil.

Publicações Pão Diário
Caixa Postal 9740,
82620-981 Curitiba/PR, Brasil
publicacoes@paodiario.org
www.publicacoespaodiario.com.br
Telefone: (41) 3257-4028

Código: R8542
ISBN: 978-65-5350-437-0

1.ª edição: 2024
Impresso na China

Assim Deus criou os seres humanos;
ele os criou parecidos com Deus.
Ele os criou homem e mulher.

(GÊNESIS 1:27)

Diferentes tons de pele. Cabelo diferente.
Diferentes olhos, sorrisos e tudo o mais.

Falamos idiomas diferentes.
Muitos falam com as mãozinhas.
Há crianças que vêm de bem longe,
e outras que são minhas vizinhas.

Eu olho à minha volta
e o que vejo assim?
Tantas crianças,
diferentes de mim.

Nossas famílias e amigos são diferentes:
cada um tem seu bichinho, casa e nome,
com diferentes brincadeiras
e comidas que matam a fome.

Alguns vivem aventuras,
encenando reis e até um dragão.

Outros gostam de pinturas
e expressam no papel sua imaginação.

Eu olho à minha volta
e o que vejo assim?

Tantas crianças, diferentes de mim.

Algumas enxergam com uma bengala, outras usam rodas para ir e vir.

Mesmo sendo diferentes...
somos iguais no nosso *sentir*.

Nos sentimos alegres e agitados.

Ficamos tristes, ficamos assustados.

Eu olho à minha volta e o que vejo assim?
Tantas crianças, diferentes de mim.

Damos gargalhadas e fazemos bobeiras.
Às vezes, nos machucamos e choramos.

Brincamos e pulamos tardes inteiras
Nos escondemos e tímidos ficamos.

Todo mundo é bom em alguma coisa
e pode compartilhar gentileza.

Podemos sempre ser bons companheiros
que ajudam com amor e presteza

Eu olho à minha volta e o que aconteceu?
Deus fez cada criança diferente…

e especial, como eu!

Caro pai ou professor:

Em um mundo em que as diferenças são ridicularizadas, *Diferente como eu* reafirma para as crianças que Deus intencionalmente criou cada pessoa para ser única e para que todos colaborem uns com os outros. Ao aprender a sermos felizes pela maravilhosa criatividade do nosso Criador, podemos descobrir nosso propósito como obras-primas de Deus, tanto individualmente quanto em comunidade. Essa certeza nutre uma apreciação saudável e uma compreensão sagrada a respeito de nossas diferenças, bem como da semelhança que nos conecta.

As crianças não estão imunes de serem feridas por ataques verbais e físicos, em virtude de suas diferenças. Abolir estereótipos negativos pode empoderar as crianças para que se imponham contra o *bullying*, que muitas vezes chega a patamares de crimes violentos ou autoagressão. Abraçar a beleza da diversidade em uma tenra idade pode capacitar as crianças para que celebrem a singularidade dos outros e afirmem o valor de todas as pessoas criadas e amadas por Deus.

As perguntas abaixo podem ajudar você a ter conversas importantes com as crianças do seu convívio:

1. (Leia Gênesis 1) O que a Bíblia diz a respeito de todas as coisas que Deus criou?
2. (Leia Efésios 2:10) Por que você acha que Deus criou cada pessoa diferente das outras?
3. Você já pensou que ser diferente é algo ruim? Por quê (sim ou não)?
4. Em que situações você não gostou de ser diferente de alguma outra pessoa? Em que situações você gostou de ser único?
5. Como você se sentiria se alguém provocasse você por ser diferente? Como você acha que os outros se sentem quando eles são provocados por serem diferentes?
6. No que Deus fez você diferente de seus amigos (ou de seu melhor amigo)? No que Deus fez vocês iguais?
7. Como Deus pode usar as diferenças entre vocês para que vocês convivam melhor?
8. Como você pode celebrar seus amigos e aquilo que eles têm de diferente de você?
9. Há mais alguém que você acha que gostaria de ler *Diferente como eu*?

Eu dedico *Diferente como eu* para a minha família lindamente diversa, especialmente meu marido, Alan, e nossos filhos, A.J. e Xavier, três homens incríveis e únicos; aos meus amigos maravilhosamente criados e escolhidos por Deus, que me lembram que ser diferente é algo legal; e para toda pessoa que já se sentiu esquisita, deslocada ou incompreendida. Sou muito feliz por Deus ter criado cada um de vocês para serem diferentes… como eu!

Um agradecimento especial para Bonnie Lui por colocar o seu coração nestas ilustrações belíssimas que estão em *Diferente como eu*; à Patsy Ann Taylor, a primeira pessoa que me encorajou a compartilhar *Diferente como eu* com o público leitor; à minha mãe, Martha Gutierrez, que me ensinou a apreciar livros ilustrados e a amar todas as pessoas com minhas palavras e ações; e à família *Tails for Life*, especialmente Jacob e Amanda Guell, que ajudam Callie e eu a aprender a servir a Deus juntas.

—Xochitl E. Dixon